D0885779

MERECES
QUERERTE BIEN

MERECES
QUERERTE BIEN

Pero sobre todo, saber cómo hacerlo.

ANGY MEZA

MERECES QUERERTE BIEN.

Queda prohibido escanear, reproducir total o parcialmente esta obra por cualquier medio o procedimiento, así como la distribución de ejemplares mediante alquiler o préstamo público sin previa autorización.

Para Nuria, Ana, María y Sergio.
Que sean bendecidos, prósperos
y amados en cada instante de su vida.

"Nunca el ser humano se vio tan obligado a replantear la forma en la que se trata a sí mismo: la era digital nos trajo el dolor de compararnos las 24 horas al día, los 365 días del año.

Nuestro cerebro, nuestro amor propio y nuestra autopercepción no estaban preparados para ello".

Angy Meza

ÍNDICE

INTRODUCCIÓN

Ojalá viniésemos con un morralito lleno de autoestima cuando llegamos al mundo.

Así, nuestros padres nos enseñarían a cuidar de ella y a usarla en pequeñas dosis al momento de ir a la escuela, en las reuniones familiares, cuando estudiamos la licenciatura, al elegir pareja o cuando se trata de pedir un aumento de sueldo en la Junta Directiva... pero no.

Llegamos tan desnudos por dentro y por fuera que nuestras necesidades inmediatas nos hacen depender 100% de alguien más para sobrevivir.

Autoestima:

"Aquello que necesito hacer para sentirme mejor y no dejarme tratar mal por nadie, me ayuda a ser feliz conmigo mismo aunque me sienta triste, me permite disfrutar de los postres sin remordimiento y no importa quién me acepte y quién no" --------- *No, esto no es autoestima.*

Si deseas saber la definición de autoestima, podrás encontrar más de 2 millones de resultados en Google; una con la que yo me identifico mucho es la siguiente:

"La autoestima positiva es el sentimiento, la experiencia y la convicción de que somos aptos para la vida".

Raquel Aldana. Lic. en Psicología
Especialista en Terapia Cognitivo-Conductual.

Pero lo que hoy quiero, es compartir contigo algunas de las cosas más importantes que he aprendido a lo largo de mi vida personal y profesional sobre esto a lo que a veces llamamos *querernos bien*.

Sin duda, me he sentado muchas horas frente a la pantalla de mi *lap* pensando exactamente cómo abordar este tema tan mencionado, sin dejarte una sensación de "más de lo mismo", porque si de algo estoy segura es que la autoestima necesita ser entendida como una forma continua de desarrollo para nuestra vida, nuestras relaciones personales, la elección de pareja, nuestra búsqueda de trabajo, la gestión en nuestros hogares y el encuentro con nuestro Propósito Personal.

Te voy a contar una anécdota que me ha servido mucho en los talleres y sesiones que imparto: De pequeña, tal vez entre los 6 u 8 años, un día de domingo familiar, estábamos sentados platicando con mi abuela acerca de lo bonitas que se estaban poniendo mis primas más grandes. Yo escuchaba en silencio cómo mencionaban aspectos sobre el cabello, los ojos, la nariz y la figura corporal en general de todas ellas.

De pronto mi ancestra voltea su mirada hacia mí y me dice: "Tú eres bonita, lástima que estés más morenita". ¡¿Lástima?! En ese momento evidentemente no entendí si ser *morenita* era malo, raro o me quitaba algún súper-poder especial que las personas con tez más clara sí tenían. Solo recuerdo que a partir de ese día viví un tanto confundida entre lo que era bello, estético, aceptable y valioso.

Para mi buena fortuna, cuando inicié mi pubertad, era tan *trendy* la piel morena y bronceada que olvidé querer ser rubia y el tema quedó guardado en un cajón profundo de mi subconsciente.

Lo que quiero lograr al contarte este breve episodio con mi abuela es que gran cantidad de personas hemos pasado alguna vez por momentos donde la opinión de alguien más nos ha hecho cultivar dudas —unas grandes y otras no tanto— sobre nuestra valía, nuestro merecimiento y nuestra fuerza interior.

Vivimos en un mundo altamente exigente sobre nuestro aspecto físico.

Calificamos las caras, la figura, el color de ojos, la forma de las caderas, la tonificación muscular, la cantidad de líneas de expresión, los kilos acumulados o la falta de carne en zonas estratégicas; nos hemos convertido en severos jueces de los otros y verdugos despiadados de nosotros mismos.

Hoy en día, la industria de la cosmética, la belleza y la práctica *fitness* facturan altísimas cantidades de dólares anualmente, enriqueciéndose con nuestras inseguridades, nuestro miedo al rechazo, nuestro deseo y necesidad de validación.

Por otro lado, las personas y sociedades que se desarrollan con una autoestima deficiente son también aquellas a las que les cuesta mucho más trabajo emprender exitosamente, ser líderes sensatos, tomar decisiones basadas en el bien de la comunidad, no siempre cuentan con una cultura financiera sana y se posicionan ante sus gobiernos o dirigentes como víctimas. Y las víctimas siempre tendrán miedo a ser más, a soñar más y a materializar lo que desean.

Ahora, las cosas se complican un poco más: las redes sociales han hecho evidente que, como seres humanos aún nos falta un trabajo profundo y mucho más consciente sobre la manera en que nos valoramos, nos observamos y nos definimos. No somos precisamente justos y amables con nuestro ser.

Entonces, como podemos ver, cultivar nuestra autoestima día con día es muy importante para nuestro sano desarrollo y el de nuestras comunidades.

Aquí vas a encontrar **5 Aprendizajes** que te pueden ayudar enormemente para poder hacer las paces en esa lucha eterna de autoaceptación, sin confusiones, sin recetas que se sientan como de otro planeta, sin complicarte tanto y sin sentir que esto no es para ti.

En cada capítulo comprenderás un poco más que:

**Contienes una fuerza interna esperando
a ser ocupada para tu más alto bien.**

Dejarás de buscar en otros lo que te corresponde nutrir personalmente y, por supuesto, cada día te sentirás con mayor claridad y seguridad para disfrutar quién eres, con la libertad de elegir a partir de hoy a los que te acompañarán en el camino de tu vida y quienes definitivamente ya no. Deseo que el contenido de cada uno de los capítulos incluidos en este libro te sea de gran utilidad.

Mereces quererte bien, pero sobre todo, mereces saber cómo hacerlo.

PRIMER APRENDIZAJE:

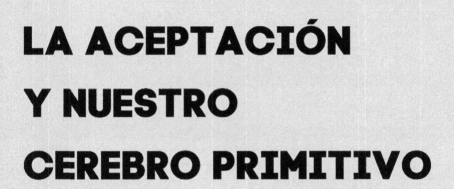

LA ACEPTACIÓN
Y NUESTRO
CEREBRO PRIMITIVO

APRENDE Y ACEPTA ESTO CON
LA MAYOR CALMA EN TU CORAZÓN:

NO PUEDES AGRADARLE A TODO EL MUNDO,
FLUYE SANAMENTE CON ESO.

Entonces, ¿por qué necesitamos tanto ser aceptados y reconocidos por otros?

La repuesta es larga pero, en resumen: hace miles de años, los humanos que eran excluidos de sus tribus morían rápidamente ya que el mundo animal salvaje estaba al acecho.

Evolucionamos a través de la fortaleza que nos brindaba nuestro clan, morir de hambre o devorados por una bestia eran problemas realmente graves. Hoy, nuestro cerebro sigue en estado de alerta en todo momento, cuando identifica el rechazo, inmediatamente busca mecanismos para preservar al cuerpo con vida.

Con el pasar de los años, al nacer las diferentes culturas, los idiomas, las ideologías y religiones, generó otros significados más complejos como el amor, la familia, la amistad y la lealtad, otorgándonos un poco de más angustia por tener o perder aquello que es significativo para nuestra seguridad. En pocas palabras: la necesidad de aceptación está relacionada con nuestra sobrevivencia.

Lo que recibimos de nuestros padres con respecto al amor, la confianza, el valor personal, también es de vital importancia; sin embargo, esto último no nos determina en la edad adulta. Casi todos contamos con la capacidad necesaria para el cambio personal. Solo que a veces, preferimos evadir los procesos emocionales. Observa como las personas al sentirse mal anímicamente acuden a platicar con la amiga, la pareja, la curandera del pueblo, el terapeuta, el chamán o la vecina. Esto quiere decir que de manera natural detectamos que algo no anda bien y buscamos ayuda, aunque no siempre sea la persona correcta a la que acudimos.

¿Cómo reaprender a aceptarnos?

Pregúntate:

1. ¿A mí me agradan todas las personas? ¿He aceptado ser pareja de cualquiera que me lo ha pedido? ¿Trabajaría en lugares/ empresas/ instituciones sin importarme sus ideales, el sueldo, la ubicación geográfica? ¿Le contaría mis secretos a quien sea?

Seguramente la respuesta a todas estas preguntas es no.

Así como tú no puedes aceptar a todos en tu vida, sea en cualquiera de sus áreas, también sucede al revés. No todos somos para todos: pareja, trabajos, ciudades, actividades, intereses recreativos, gustos, etcétera. El rechazo duele, pero en el momento en que aceptas que tanto tú como las otras personas tienen el derecho a elegir (sin importar las causas), fluyes con menor sufrimiento ante las diferentes sensaciones que se manifiestan de esta experiencia.

2. ¿Por qué siento la necesidad de ser aceptado por todos? Haz una lista de esas necesidades, ejemplo:

a) Porque temo no vincularme profundamente con alguien, necesito sentir compañía.

b) Porque necesito sentir que me quieren. Me da tristeza pensar que no soy valioso / valiosa para alguien más.

c) Porque cuando alguien me rechaza siento que algo no está bien en mí, necesito que me hagan sentir lo contrario.

Por ahora no vamos a profundizar de manera filosófica o terapéutica en tu lista de necesidades, lo importante aquí es detectar qué te mueve internamente ya que en la siguiente experiencia donde te rechacen, te ignoren o sientas que no te aceptaron, te será más fácil entender desde dónde viene esa sensación.

Cuando comprendemos responsablemente lo que nos pasa, dejamos de luchar en gran medida con las experiencias y las personas que conocemos.

3. Detecta con qué tipo de personas sientes mayor necesidad de aceptación: pareja, amigos, jefes, colaboradores, la suegra, el tío, el profesor de mate… y observa cómo te comportas con ellos. ¿Eres víctima?, ¿intentas agradar?, ¿manipulas para conseguir lo que quieres?, ¿eres del tipo de persona que "da mucho" para después poder cobrar de alguna forma por ello?, ¿quieres impresionar…?

Este ejercicio es muy interesante porque nos ayuda a descubrir que nuestras conductas también son un factor que va determinando nuestras diferentes relaciones. Por lo tanto, no te agobies, ni entres en rabia o tristeza cuando alguien te diga "no", cuando alguien te deje en visto, cuando tu pareja te diga "no eres tú, soy yo", cuando tu jefe se porte como un primitivo con la entrega de tu proyecto, cuando la vecina hable a tus espaldas o entres a una reunión y nadie te haga la plática. A veces brillarás, otras no. Aprende a fluir en mayor tranquilidad con esto.

PUEDES ASIGNAR UNA LIBRETA FÍSICA O ELECTRÓNICA PARA ANOTAR TU PROPIAS CONCLUSIONES:

SEGUNDO APRENDIZAJE:

VIVIMOS EN UN MUNDO DE ETIQUETAS, NO TODO LO QUE HAN DICHO DE TI ES: CIERTO, IMPORTANTE O DEFINITIVO

LAS PERSONAS TIENEN
PUNTOS DE VISTA BASADOS
EN SU REALIDAD
Y SU REALIDAD NO ES IGUAL
A LA TUYA.

APRENDE A DEPURAR SABIAMENTE
LAS OPINIONES IMPORTANTES
DE AQUELLAS QUE NO LO SON

Así como mi abuelita estuvo tremendamente equivocada con el tono de mi piel, todos nos equivocamos con las etiquetas que le vamos poniendo al mundo entero. Nos basamos, sin ser conscientes, en el cúmulo de creencias que fuimos adquiriendo desde muy pequeños.

Un ejemplo ultra tangible es el concepto de lo que significa valioso en las diferentes zonas geográficas. Piensa en una curandera africana, en un agricultor escandinavo, en una india americana, en una judía ortodoxa, en un esquimal del Polo Norte y en un argentino empresario.

Cada uno de ellos puede ser un símbolo de belleza, poder, integridad, sabiduría, inteligencia y varios significados más, en su lugar de origen, pero al cambiarlos de contexto, es probable que dicho significado cultural cambie también.

Por eso, no te enganches con todo aquello que han dicho de ti, ni lo malo ni lo bueno.

¿Por qué? Porque "lo malo" solo es percibido como tal cuando nuestra autoestima no está bien gestionada, cuando no nos hemos dado cuenta de que al importarnos tanto la opinión de los otros, estamos reduciendo nuestras posibilidades de recrearnos cada día, de explorar nuestra originalidad, de decidir qué nos gusta y nos da felicidad.

Si alguien viene y te dice: "Qué nariz tan grande", ¿grande con respecto a qué o quién?

Seguramente hay narices mucho más grandes que la tuya en todo el mundo y de igual forma la vida sigue. Vamos, lo que quiero es que hagas depuración de todos esos conceptos y etiquetas que han dicho de ti y que de alguna forma te han hecho sentir mal.

Tuve una chica en sesión de Desarrollo Personal que aún en su edad adulta estaba en constante lucha y confusión por la ropa que usaba, ya que su mamá —viviendo ya cada quien en su propio hogar—, siempre criticaba su manera de vestir.

Hicimos un trabajo muy sencillo pero muy creativo. Le sugerí que buscara imágenes de algunos estilos y tendencias de guardarropa, tanto de la época actual como de décadas anteriores. Obvio el estilo de mi consultante no tenía nada que ver con el de su madre.

Posteriormente el ejercicio fue mostrarle a la mamá este collage de imágenes con varias maneras de vestir relacionados a la edad, gustos, moda y tendencias, haciendo notorio que ambas se vestían de acuerdo a gustos muy personales, pero que ninguna estaba "mal" en su arreglo personal.

La idea fue todo un éxito. Al actuar como una mujer adulta, esta chica:

a) Dejó de actuar como víctima de las críticas de su madre.
b) Habló con su mamá desde una postura de respeto e igualdad, dejando en claro que como adultas, las dos eran totalmente libres de elegir qué tipo de falda o pantalón querían usar.
c) La mamá pudo comprender de manera tangible y visual que su hija era diferente a ella, no que estaba cometiendo gravísimos errores con su manera de vestir.
d) Y, fueron felices para siempre. Fin.

Así que ahora te toca a ti hacer depuración de las etiquetas que te han puesto y que no coinciden con tus propios conceptos, creencias o la versión que tú conoces de ti:

ETIQUETAS QUE YA NO ME QUEDAN:

Recuerda, aun tratándose de tu padre, madre, abuela, tía preferida, amor del alma, mejor amiga, jefe, amante en turno o mentor, también pueden equivocarse con respecto a ti. Aprende a distinguir a qué etiquetas les brindas importancia y cuáles van directo al bote de la basura.

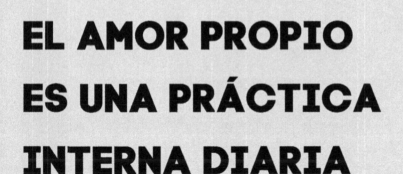

EL AMOR PROPIO ES UNA PRÁCTICA INTERNA DIARIA

HEMOS ESTADO CONFUNDIDOS,
EL AMOR PROPIO NO EMERGE
MÁGICAMENTE.

TIENES QUE DEDICAR TIEMPO
A DESCUBRIR EN QUÉ ERES
POTENCIALMENTE EXTRAORDINARIX

Como seres humanos, estamos llenos de *miedos mentales*. es decir, aquellas cosas que no están sucediendo realmente, pero que al pensarlas una y otra vez nos causan sufrimiento verdadero. Tememos ante la idea de perder aquello que nos da seguridad y a lo que estamos apegados: vínculos emocionales, empleo, dinero, hogar, salud, éxito, fama, belleza, juventud.

Somos seres vulnerables jugando a ser invencibles

La fuerza interna que nos proporciona la práctica del amor propio hace que vayamos adquiriendo mayor templanza. Nuevamente, ¿para qué nos sirve? Cuando aún no sentimos la genuina necesidad de estar mejor en cualquier aspecto que nos agobie, lo más común es anestesiar los dolores —principalmente emocionales— con una infinita cantidad de conductas.

Aquí algunos ejemplos: nos involucramos en relaciones tóxicas, la obsesión por el trabajo, consumo de sustancias que alteran o adormecen la consciencia, ejercicio excesivo, adicción a las compras, dependencia a los *likes* en redes sociales...

Todos adquirimos conductas que de alguna forma "ocultan" nuestros dolores profundos porque muchas veces no sabemos cómo hacerles frente, así nuevamente el temor al dolor aparece una y otra vez. Necesitamos tener claro qué nos duele, antes de buscar, para nuestro mal, algún remedio:

¿Qué te molesta de manera profunda? (Céntrate en tus emociones)

Estas frases te pueden ayudar a clarificarlo más:

Me siento _____ cuando alguien me dice: _____ porque me recuerda el día en que _____

Me molesta que mi (pareja, padre, madre, jefe, amigo) diga _____ sobre mí, porque siento/creo/pienso que

Soy incapaz de controlar esta emoción: _____, sobre todo cuando _____ porque _____

Ya que le has puesto palabras a tu dolor, puedes respirar. Inhala profundo jalando aire nuevo a tu cuerpo para que este se oxigene... Ahora suéltalo. Sigues con vida.

Juguemos un poco:

Existen muchas formas de aumentar nuestra confianza personal, recuerda que esto no sucede por arte de magia, sino por la práctica constante y el compromiso que asumimos en nuestro deseo y acción de estar mejor.

En esta sopa de letras encontrarás algunas acciones o virtudes que tal vez te puedan dar una pista de aquello en lo que necesitas enfocarte para tu propio camino de transformación. ¿Cuáles son las primeras 5 palabras que tu vista identifica?

Puedes anotarlas en tu *notebook* para que no las olvides.

(Busca en dirección horizontal y vertical)

P	D	B	R	M	C	O	N	F	I	A	N	Z	A
E	O	I	E	N	F	O	Q	U	E	A	V	Z	L
R	M	Z	T	E	M	P	L	A	N	Z	A	R	E
S	T	O	S	E	D	Y	V	M	M	F	F	W	K
E	D	J	K	Q	Y	T	Q	E	A	O	F	D	H
V	I	D	U	L	S	M	T	D	K	O	J	E	U
E	S	Y	D	L	I	I	P	I	G	W	W	C	M
R	C	Z	T	O	R	D	A	T	T	U	F	I	I
A	I	J	R	D	X	Q	Z	A	Q	C	L	S	L
N	P	P	A	C	I	E	N	C	I	A	Y	I	D
C	L	R	E	F	L	E	X	I	O	N	P	O	A
I	I	A	P	G	O	E	B	O	X	R	H	N	D
A	N	R	S	X	Q	T	Q	N	U	Q	E	Y	H
P	A	A	M	O	U	T	B	U	K	W	T	E	I

CUARTO APRENDIZAJE:

APRENDE A DECIR NO ASERTIVAMENTE

CADA DÍA DEBES PROCURAR
TENER MAYOR CLARIDAD SOBRE ESTO:

TU TIEMPO Y DÓNDE DECIDES
OCUPARLO ES UNO DE TUS PRINCIPALES
DERECHOS NATOS.

Seguramente te ha pasado que en algunas ocasiones decir "no, gracias" simplemente no sale de tu boca. He escuchado infinidad de veces a consultantes, amigos y familiares decirme *es que no pude decirle que no.* Y a mí se me vuela la cabeza, pero me vuela porque también tuve que aprender a dejar de hacerlo. Decir no cuando es necesario, cuando no queremos algo, cuando interfiere en nuestra paz; es un derecho que necesitamos ejercer con mayor libertad, solo que (nuevamente) no nos enseñaron a hacerlo de manera natural. Y te aseguro que está relacionado directamente con la autoestima, aquí te explico:

Lo contrario a decir no a tiempo de manera sana y asertiva es decir sí, y puede que suceda de manera forzada y agobiante.

En los primeros segundos inmediatos al decir que sí ante algo que en el fondo **no** queremos, nos invade una sensación de alivio, *quedo bien, soy aceptado, soy incluido y por lo tanto no me van a criticar.* Pero, con el paso de las horas o los días, comienza una guerra interna que puede ser altamente molesta o dolorosa.

Esto me recuerda una anécdota con un joven que conocí en uno de los talleres de autoestima que impartí en 2018:

Estábamos realizando un ejercicio en donde los participantes podían detectar la frecuencia con la que se comprometían a situaciones que les incomodaban por el hecho de no poder decir un *no* a tiempo. El joven del que les hablo estaba bastante inquieto con el ejercicio, no paraba de removerse en su asiento, al observarlo le pregunté: *¿Quieres compartir con el grupo cómo te sientes en este momento?* a lo que contestó que sí.

"Llevo mucho tiempo luchando contra esto. Mi familia se reúne dos veces por semana a comer y pasar la tarde. La mayoría de las veces en las que he asistido a este compromiso familiar, termino realmente enojado conmigo; no porque no

disfrute pasar tiempo con ellos, es más bien porque ahora mismo estoy enfocado en un proyecto profesional —el cual me apasiona verdaderamente— y ellos insisten en que la familia es primero. Esto me hace sentir culpa, así que asisto varios jueves y sábados a estos eventos que duran horas, siempre con la sensación de que estoy descuidando mi proyecto y, por otro lado, enojado por sentirme chantajeado. Pero no sé cómo detenerlo".

Las creencias con las que fuimos educados son un factor determinante para la toma de decisiones en la edad adulta. Algunas pueden ser muy positivas como: *es bueno mantener cierta cantidad de dinero ahorrado;* pero otras como: *si no asistes a las reuniones familiares, es porque no nos amas,* pueden convertirse en un yunque moral, mental o emocional, el cual no nos permitirá avanzar hacia nuestros sueños fácilmente.

El decir *sí* ante este tipo de experiencias donde no sabemos cómo priorizar asertivamente nuestras necesidades, conlleva a es una cascada de culpas, arrepentimientos, frustración y enojo contra uno mismo. ¿Es necesario? No. Entonces ¿para qué lo seguimos haciendo? Para quedar bien, para evitar la crítica, no experimentar el rechazo y no vernos excluidos de nuestros grupos, ya sean familiares, sociales o laborales. Lo que a su vez nos lleva a un círculo vicioso inundado de malas decisiones que nunca llega a su fin.

No se trata de que a partir de hoy adoptes una postura de intransigencia contra todo y todos. Recuerda que los extremos carecen de equilibrio y, el desequilibrio nos acerca más fácilmente a padecimientos físicos y emocionales.

Míralo de esta forma, es como un juego interno, hacerte simples preguntas tipo: ¿lo quiero?, ¿lo necesito?, ¿al decir que sí ante esto, le quito

espacio, tiempo o energía a algo mucho más importante para mí? Y aplica la ley simple de **elegir y descartar.**

No siempre tendrás paz interna y aceptación externa al mismo tiempo; no todos tus amigos entenderán que has entrado a una nueva etapa de tu vida y ya no cuentas con el tiempo o los recursos para irte todo un fin de semana a festejar sin control. Tal vez asistir a las comidas familiares cada domingo ya no pueda formar parte de tus prioridades, lo que no significa que los hayas dejado de amar. Necesitarás ir encontrando balance en ello a través de tus elecciones y decisiones —principalmente— sin culpa.

Puntos importantes entre el amor propio y la asertividad de tus elecciones:

• El amor propio implica respetar sanamente tus intereses, te permite adquirir la capacidad de decidir sobre la mayoría de las cosas que pasan en tu vida cotidiana.

• Aprendes la diferencia entre lo que quieres, lo que es necesario, lo que te aporta, lo que no te aporta y, sobre todo, valoras en qué y con quién inviertes tu tiempo.

• Cuando una persona fluye en el *no* sin culpa, ha trascendido la necesidad de ser aceptado a través del sufrimiento y a su vez, muestra a sus familiares, amigos, pareja, colegas y entorno la forma en que desea ser tratado de manera fluida y natural.

• Decir *no* a tiempo ayuda a evitar una cascada de compromisos, relaciones y acciones innecesarias. Suelta la idea de quedar bien. Hagas lo que hagas, siempre habrá alguien inconforme con ello.

EJERCICIOS PARA TU *NOTEBOOK*

5 COSAS A LAS QUE A PARTIR DE HOY DECIDO DECIR <u>NO</u>:

1.

2.

3.

4.

5.

¿Cómo te sientes hasta este punto?

Te dejo aquí la sugerencia de una rutina a implementar ahora que estás trabajando en conocerte mejor. Puedes incluir en ella las actividades que quieras y que beneficien tu crecimiento interno. Es tu tiempo, Tú decides.

TU RUTINA:

• Al despertar: identifica sin juzgar en qué estado de ánimo te encuentras, es decir, tus emociones y sentimientos presentes.

• Antes de levantarte de la cama: estira tu cuerpo y haz consciencia de su estado energético (cansancio, vitalidad o neutralidad corporal)

• Observa por una semana:

a) ¿Qué pensamientos tienes en las primeras horas del día?

b) Tus conversaciones internas.

c) Tu ritmo al momento de consumir tus alimentos.

d) Tu estado de ánimo antes de irte a dormir.

• Cada día: evita hablar mal de ti y/o de otra persona (aunque sea mentalmente) y observa cómo se siente resistir la tentación de hacerlo.

• Por último: observa estas conductas en ti:

1) Qué acciones postergas habitualmente

2) Qué emociones evitas sentir

3) A quién le brindas más atención y energía de la necesaria y cuál es el costo que estás pagando por esto.

Ojo: *más de lo necesario* significa: aquellas acciones que no resuelven nada, que drenan de ti tiempo, emociones, pensamientos o incluso dinero y que, además, bien podrías dejar de hacer para estar mejor sin afectar a nadie.

(Un ejemplo común de esto es vivir al pendiente de lo que publica de tu ex en redes sociales).

Unos minutos al día: medita, practica la atención plena o simplemente siéntate en completo silencio.

QUINTO APRENDIZAJE:

TRABAJA EN TU MEJORA CONTINUA, NADIE MÁS HARÁ ESTO POR TI.

LA SATISFACCIÓN
DE LOS LOGROS PERSONALES
TE TRAERÁ MOTIVACIÓN Y FELICIDAD

Y UNA PERSONA FELIZ,
NO TIENE TIEMPO DE JODER
A LOS DEMÁS.

#SinFiltro. Para aquellos que ya me conocen y han trabajado en sesiones conmigo, saben que muchos de los conceptos que les comparto van con ciertas dosis de ironía, pero sin afán de ofender. Si te gusta aprender de la vida con un poquito de humor, también puedes escuchar mi Podcast en Spotify Angy Sin Filtro donde les comparto herramientas, reflexiones y meditaciones guiadas. Date una vuelta y cuando puedas, compárteme tus opiniones o dudas en **info@angymeza.com**

Link: https://spoti.fi/3to7BLj
Spotify: Angy Sin Filtro

La mejora continua personal es "canasta básica" para la vida, no puedo abordar este capítulo sin antes pedirte algo con el corazón:

Tienes que parar de autoengañarte

Todo tiene relación, vamos por partes:

La mejora continua personal es una forma de vida, muchas personas esperan a que alguna experiencia abrumadora impacte su bienestar, estabilidad o cotidianeidad, para entonces sentarse a replantear cómo pueden mejorar lo que está sucediendo. He leído muchas historias de personas que han logrado grandes cambios a través de una experiencia así. Pero ¿por qué esperar a que esto suceda, en vez de llevar nuestra vida de forma más armoniosa y ligera? Hay una respuesta: estamos acostumbrados al drama, el drama tiene un gran significado en muchas culturas ya que es el equivalente a: *padecer para después merecer.*

¿Te ha pasado? Observa las veces que has alcanzado éxito, al momento de encontrar al nuevo amor de tu vida, el día que te incrementaron el sueldo o lograste vender tu producto o servicio; al relatar tu historia con alguien más, mantienes diálogos del tipo:

Por fin lo logré, ya era justo, le he batallado bastante...

Llevo años sufriendo por este ascenso, empecé a creer que no lo merecía...

Después de mi divorcio sufrí por años enteros sin volver a creer en el amor, pero por fin lo encontré...

Esa horrible costumbre que tenemos de mencionar el logro aderezado de sufrimiento, dolor, drama, victimización, culpa y pena. Reflexiona un poco y piensa cuántas veces has contado tus historias así, como quien relata cualquier capítulo de la telenovela de las 9 de la noche.

Ahora, si ya vimos que la mejora continua es una forma de vida, el autoengaño es su peor enemigo, una persona que quiere mejorar (o dice que quiere) pero que a su vez hace todo lo posible para no lograrlo, es una persona que se sabotea... ¡Bendito sabotaje!

Siempre nos hablan de él, pero no sabemos qué hacer para evitarlo o, creemos: *no, a mí no me pasa.* Pero lo hacemos cotidianamente: cuando decimos que nos pondremos a dieta el próximo lunes y no lo cumplimos, cuando ponemos pretextos para no invertir nuestro dinero y preferimos gastarlo porque "merecemos ese pequeño despilfarro", cuando quedamos en concretar una cita, una llamada, una visita y aparentemente lo olvidamos, cuando decimos que no tenemos tiempo para las cosas que nos brindan mayor bienestar, cuando nos prometemos una y otra vez que arreglaremos algo y lo postergamos por meses enteros. Este tipo de conductas aparentemente inofensivas solo dan como resultado que, cuando queremos hacer cambios más importantes o comprometernos con cosas extraordinarias simplemente no podemos, ya que nuestro subconsciente está acostumbrado a la conducta de *no terminar lo que empezamos*, a dejar para después y a hacer uso de los pretextos y las excusas para no seguir adelante. *#SadButTrue*

Observa detenidamente El Ciclo Energético de La Mejora Continua, te hará mucho más sentido todo lo que te he compartido hasta aquí:

CICLO ENERGÉTICO DE LA MEJORA CONTÍNUA

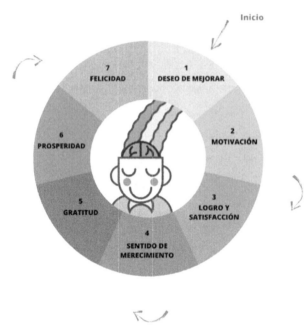

1. Inicia el deseo de mejorar en cualquier aspecto de nuestra vida.
2. La motivación nace cuando decidimos emprender los cambios necesarios.
3. Al llegar el logro, surge la satisfacción personal.
4. Se crea una sensación de certeza al sabernos merecedores de lo que deseamos.
5. Experimentamos gratitud genuina porque nuestra vida cambia positiva y constantemente.
6. Nos convertimos en personas prósperas; es decir, entramos en un ciclo energético de manifestación positiva constante.
7. La felicidad se presenta casi de manera natural, a pesar de los desafíos que se presenten.
8. Al presentarse los desafíos, iniciamos nuevamente el deseo de mejora o solución.

El Ciclo Energético de la Mejora Continua es una forma que puede ayudarte a entender mejor cómo, al momento de tomar una decisión y hacer lo que está en tus manos para manifestar aquello que deseas, logras romper con la apatía, los pretextos y el autoengaño.

Pero también, en ocasiones no nos sentiremos motivados, aun sabiendo que necesitamos ciertos cambios para estar mejor, esto va a depender de muchos factores como nuestra situación emocional, nuestro estado físico, haber experimentado vivencias dolorosas, la rutina diaria de la vida, duelos, pérdidas, etcétera. Entonces, ¿si no hay motivación, no hay forma de experimentar nuestro bienestar?

En mi experiencia, la motivación sirve, pero no podemos dejarle toda la responsabilidad a esta, habrá periodos que no emerja tan fácilmente, pero la vida no se sienta a esperar.

Otra sugerencia es que no dependamos únicamente de la fuerza de la motivación para todo, ya que, su efecto en nuestro cerebro es muy corto si no se obtienen resultados constante y paulatinamente. Siempre es conveniente hacer uso de aspectos como **la inspiración, la organización y el descubrimiento de nuestro propósito.**

¿Qué tiene que ver todo esto con la autoestima? Ya comprendimos que la autoestima no es únicamente el resultado de la apariencia física, de la posición social, de la situación emocional o del éxito profesional, aunque nos hayan hecho creer que sí. A principios de 2019 este tema me tenía bastante inquieta, así que comencé a leer más sobre abundancia, prosperidad, liderazgo y bienestar. La mayoría de los autores con los que me topé en dicha búsqueda, afirman que la realización, ya sea personal o profesional, está relacionada directamente con el sentimiento de auto valía.

Una persona que se percibe valiosa es capaz de diferenciar más fácilmente lo que le hace bien de lo que no, pone límites sanos, conecta mejor con sus emociones y pensamientos, realiza esfuerzos positivos para su mejora, experimenta relaciones más sanas, sabe elegir. Como podemos ver, la motivación y la autoestima juegan en el mismo equipo.

Si llevas años pensando en que no tienes suerte, que todo te sale mal, que no fuiste beneficiado por el sistema, que tu mamá tuvo la culpa por no darte atención a los 5 años, que tu ex te dejó en la ruina emocional sin remedio o que nadie en este mundo podrá entender por todo lo que has pasado, la mala noticia es que con cada conversación de este tipo, estás afirmándote que para ti no hay oportunidad y aún siendo un adulto, optas continuamente porque alguien más se haga cargo de ti.

**Crecer implica autonomía, decidir, responsabilizarnos
y modificar la ruta cuando sea necesario,
pero sobre todo, implica dejar de buscar culpables.**

Descubrir lo que verdaderamente quieres en la vida puede llevarte un instante o años de búsqueda, si esto último es tu caso, aquí te comparto un ejercicio que puede ser de gran utilidad:

1. Primero que nada necesitas actualizar tus sueños, metas o proyectos, tanto personales como profesionales. dicha actualización consiste en saber detectar cuándo es necesario mantener esos objetivos y cuándo darnos cuenta que estos formaban parte de una versión nuestra que ahora mismo ya no somos.

2. Siéntate en un lugar tranquilo y piensa: ¿Qué es lo que verdaderamente quiero?, ¿Qué significa el bienestar para mí?, ¿Qué de mi vida puedo mejorar, incrementar o eliminar?

3. Haz una lista (ya sé que quizá no te guste mucho escribir, pero es necesario que lo hagas) de cosas que quieras lograr en una semana, en un mes y en tres meses. Aunque tengas una meta mayor, como comprarte una casa en la campiña francesa; hay una serie de pasos que necesitas realizar poco a poco antes de que eso suceda.

Planea. Deja a un lado la pereza de organizarte más, de disciplinarte más y de responsabilizarte más.

Por último, para trabajar en esos pequeños sabotajes cotidianos recuerda cada vez que quieras desistir: *¿esto que estoy decidiendo ahora, le conviene a mi "yo" del futuro?*

Visualiza los dos escenarios:

ESCENARIO 1: Aquel en el que has logrado sentirte mejor, estar más saludable, tener ahorros, vincularte con alguien afín a ti, terminar la maestría, viajar a Indonesia.

ESCENARIO 2: Ese donde nunca pasó nada. Donde las personas que tuviste cerca siguieron con su vida y nadie se quedó a resolver lo que te correspondía a ti.

Cosas importantes de recordar:

• Mejorar continuamente no nos excluye de experiencias desagradables, por lo tanto, no te juzgues, o peor aún, no culpes al terapeuta, el chamán o a la *coach* por acontecimientos que forman parte natural de vivir.

• Mejorar continuamente no indica que cada día te obsesiones con la perfección, el ser humano por naturaleza no lo es y muchas veces en la búsqueda de *ser perfectos*, nos hacemos daño, lastimamos a otros y terminamos frustrados por una ilusión inalcanzable.

Cuando trabajas en tu mejora continua tú:

Experimentas sensaciones de armonía, bienestar, felicidad, generosidad, compasión y gratitud constante, ya que aprendes a observar cada experiencia dolorosa o satisfactoria como parte de tu camino de vida. Fluyes en la aceptación de que habrá días tristes, otros inundados de felicidad, otros donde parezca que nada pasa; esto es vivir:

Aprendes, comprendes y continuas.

Encuentra los motivos personales que te impulsen a ser perseverante, si no sientes la suficiente fuerza para moverte de donde estás, seguramente nada pasará. ¿Qué haría que desearas enormemente cambiar o mejorar algo de lo que está sucediendo hoy mismo en tu vida? Un viaje, comprar el departamento de tus sueños, volver a ver a tus familiares que viven en el extranjero, adquirir una habilidad nueva, aprender otro idioma, especializarte en el tema que más te encanta, escribir un libro para niños, dejar alguna aportación positiva al mundo. Estas son ideas de situaciones que hacen movernos de la silla para mejorar.

Sé constante. Vivimos en una cultura donde con un clic podemos solucionar un montón de cosas, pero esto no incluye nuestro propio crecimiento. El crecimiento se lleva tiempo, es constante y para nada lineal. Encuentra tu propio equilibrio entre la búsqueda, el descanso y la perseverancia hacia tu camino de transformación.

UN POCO DE MISTICISMO PARA EL ALMA:

Te comparto una oración que me encontré hace unos meses y que leo algunas mañanas, sobre todo cuando me despierto sintiendo algo de ansiedad ante momentos inciertos:

51

"

Enséñame a confiar en mi corazón,
en mi mente, mi intuición,
mi conocimiento interno,
los sentidos de mi cuerpo,
las bendiciones de mi espíritu.

Enséñame la confianza en estas cosas
para que pueda entrar en el espacio
sagrado y amar más allá de mi miedo,
caminando en equilibrio con cada
glorioso amanecer.

Oración Lakota

25 ideas
para una vida
en bienestar

En este apartado quiero compartir contigo 25 ideas que he recopilado en mis años de búsqueda y lo que para mí fue significando, poco a poco **vivir en bienestar.** No quiere decir que dediques el día entero a realizarlas todas al pie de la letra como una receta de repostería francesa; son sugerencias que puedes ir probando y experimentando para ver cómo te sientes con ellas. Recuerda que todo dependerá de tu propia búsqueda, así que toma las que te sirvan e incluye otras que en esta lista no se me hayan ocurrido. Con suerte, nos encontremos alguna vez y me platiques qué fue lo que a ti te funcionó.

1. Actividades buenas para nuestro cuerpo, éstas incluyen:

Alimentación: come sin culpa, equilibra entre los antojos cargados de *carbs* y una comida saludable, respeta tu cuerpo y nútrelo para que te brinde energía de calidad, tanto para la vida cotidiana, como para los momentos sorpresivamente desafiantes.

Actividad física: salir a caminar, hacer ejercicios de estiramiento, trotar, o cualquier actividad que te guste y brinde movimiento muscular.

Descanso: esto es —por supuesto— las horas de sueño, pero también, aquellas actividades que haces para relajar tu mente, disminuir el estrés, otorgarle tiempo a espacios de distracción. No te *quemes* constantemente; tus células te lo agradecerán.

2. Equilibrar el diálogo interno:

Aprende a escuchar con atención todo lo que te dices mentalmente durante el día, nuestras famosas *conversaciones internas* generan un impacto profundo en nuestras emociones y decisiones. Declaraciones como **siempre, nunca, no puedo,** son mejor dosificarlas con la mayor cautela posible.

3. Brindar nuestra ayuda de manera genuina:

Ayudar es multiplicar, siempre. Cuando lo hacemos de manera simple, fluida y porque podemos hacerlo, entramos en sintonía con nuestra fuerza personal, con la empatía y caemos en cuenta que somos mucho más que nuestros problemas cotidianos.

4. Momentos que nos brinden paz:

No todo en la vida es trabajo, desempeño, metas; nuestro cuerpo necesita regenerarse para seguir adelante. Hay muchas actividades que nos brindan esos espacios de tranquilidad para acomodar las ideas, para observar las cosas desde diferentes ángulos y hacer uso de la autorreflexión.

5. Observar nuestras emociones:

En algunas ocasiones, les sugiero a mis consultantes que observen por una semana el estado emocional con el que se despiertan y, como consecuencia, realicen una acción que los ayude a sentirse mejor (si es que al despertar se sintieron mal anímicamente) para después, ver cómo acontece lo que resta de su día.

A otros, sólo les sugiero observar dichas emociones y continuar con su jornada. En el caso de la primera sugerencia que incluye observación + acción, la mayoría han logrado tener un día mucho más fluido y positivo, aún en situaciones de estrés; mientras que el segundo grupo que incluye observar el estado anímico y continuar, muchos de los casos, afirmaron que su día transcurrió con cierta dificultad, sensación de pesadez y esto les causó mayor desgaste mental, físico y emocional.

La diferencia no está en lo que sentimos, sino en qué hacemos con eso que sentimos.

6. La atención plena:

¿Qué significa? Para mí ha sido entrenar mi mente poco a poco para lograr estar presente en lo que estoy haciendo, lo hago dividiendo mi atención en bloques de tareas específicas; es decir, si estoy escribiendo estas líneas, procuro no dejarme llevar por la necesidad de revisar mi celular cada cuatro renglones, o si estoy platicando con alguien, intento escuchar atentamente lo que me dice, evitando pensar en las cosas que mañana compraré en el supermercado.

Nuestra mente produce aproximadamente 60 mil pensamientos al día, la moda de ser *multitareas* nos ha hecho creer que esto es igual a alta productividad, algo verdaderamente falso. Una mente agobiada por periodos prolongados se desgasta más rápidamente y con el tiempo deja de ser objetiva, asertiva y creativa; sin mencionar, las repercusiones que esto deriva en nuestra salud y nuestras relaciones interpersonales. Puedes iniciar esta práctica por pequeños bloques de 20 minutos durante el día. Con el tiempo obtendrás mayor práctica y notarás la diferencia entre dejar que tu mente *haga lo que quiera* y gestionar tus pensamientos y tareas.

7. Vivir en el presente:

Aunque podría parecerse al punto anterior, vivir en el presente tiene que ver con dejar de añorar *"los tiempos pasados"* u obsesionarte por el futuro. Puede ser que años atrás hayas vivido una serie de experiencias maravillosas y hoy existan desafíos más grandes que te estén costando trabajo resolver. Pero el momento es aquí y hay que estar, de cualquier forma, aún no se descubre cómo viajar físicamente en el tiempo; por lo que transitar cada experiencia sabiendo que también es momentánea, hace que adquiramos paciencia, templanza, conocimiento y —con suerte— sabiduría para más adelante.

Ayudar es multiplicar, siempre.
Cuando lo hacemos de manera
simple, fluida y porque
podemos hacerlo, entramos
en sintonía con nuestra
fuerza personal.

8. Dejar el drama:

Este **es uno de los pilares más importantes para una sana autoestima.** Como lo mencioné al principio del libro, vivir en una telenovela melodramática no es muy útil. Nos han hecho creer que las personas que sufren después son merecedoras de una buena recompensa, esto es falso y no quiero que lo olvides. El drama tiene un efecto negativo en nuestra experiencia de vida: nos hace creer que no podemos, que no merecemos lo que deseamos, o que el sufrimiento traerá una *enseñanza* (la cual nunca descubrimos). El drama no es funcional para nuestra autoestima, nos lleva a caminar por creencias que resultan de alguna forma cómodas eludiendo cuestionarnos qué más podemos hacer al respecto, cómo podemos hacer para mejorar lo que no nos gusta, de qué manera podemos hacernos responsables en las diferentes situaciones y qué decisiones son necesarias tomar para emprender acciones concretas.

Atrévete a dejar de culpar y observa qué pasa cuando ya no señalas a nadie más, cambia la culpa por la siguiente pregunta: ¿Qué puedo hacer YO al respecto? Observa que dentro de la experiencia de vivir no estamos exentos de sentir dolor, afrontar pérdidas, experimentar el rechazo, tener miedo, o dudar. Llorar es necesario, incluso tiene una función biológica importante en nuestro sistema: nos trae calma y alivio. Pero dramatizar...no.

9. Comunicar lo que sentimos de manera asertiva:

Te voy a dar dos ejemplos de conversaciones:

a) *Pedro, me gustaría que pronto organizáramos unas vacaciones, me siento muy cansada por la cantidad de trabajo que he tenido en estos meses.*

b) *Pedro, ¿por qué nunca me haces caso? Llevo meses pidiéndote que salgamos de viaje y tú no has hecho nada al respecto. Estoy cansada.*

En los dos ejemplos, ella quiere tomarse un descanso porque está agotada. En el primero, ella se está comunicando de manera clara y responsable, menciona su deseo, propone una solución y hace partícipe a Pedro de cómo se siente. En el segundo ejemplo ella utiliza la culpa para llamar la atención y le deja toda la responsabilidad de la situación a Pedro, ¿notas la diferencia?

Una buena comunicación incluye a dos personas como mínimo y, cuando nosotros somos los que comunicamos, somos también responsables de hacer llegar el mensaje de manera clara; cuando estamos en el otro lado, el que escucha, somos responsables de escuchar con atención sin hacer suposiciones. Por lo tanto, te sugiero que para comenzar a practicar este punto, primero clarifiques muy bien qué es lo que necesitas decir y cómo lo vas a decir, haciendo a un lado cualquier diálogo que incluya algunos puntos que ya te he mencionado anteriormente como manipular, dramatizar, mentir o culpar.

10. **Lectura constante (libros, no noticias, ni la vida amorosa de tu *influencer* favorito):**

Desarrollar un pensamiento crítico es fundamental para el autoconocimiento. Aunque este tema puede dar para un capítulo entero, quiero explicarte lo más breve posible lo siguiente: Una persona que cultiva la mente constantemente, comienza a ver las cosas no solo como las ha escuchado y aprendido en los diferentes núcleos que interactúa (familia, amigos, trabajo, sociedad y cultura), al leer y conocer qué más hay en el mundo, al aprender de otras culturas, otras corrientes filosóficas, posturas ideológicas y visión de otras personas completamente distintas a la propia, ampliamos enormemente una visión hacia el mundo, al entorno y las diferentes creencias; el resultado hace que miremos diferente quiénes somos, qué queremos, qué más nos gusta, qué deseamos, qué podemos alcanzar, etcétera. Así que en concreto: **lee más.**

11. Meditar:

Si tu intención es conocerte mejor, medita.

Si tu deseo es entender más quién eres, medita.

Si tus pensamientos a veces son desordenados y confusos, medita.

Si tus emociones te están llevando a tomar decisiones poco favorables, medita.

Si tu cuerpo se encuentra agotado, medita.

Si quieres experimentar mayor gratitud por la vida, medita.

Si deseas cultivar el amor propio, entonces: **medita.**

12. Caminar al aire libre sin dispositivos:

Caminar en silencio observando tu respiración, tu pasos, el entorno, los olores, percibiendo el aire y la temperatura que te rodean, es algo que te recomiendo ampliamente. Puedes hacerlo muy temprano, antes de iniciar con tus actividades y compromisos; hacerlo cerca de la noche también es muy reconfortante porque al regresar a tu hogar, tu mente estará más tranquila, sin tanta saturación mental, emocional y física. Inténtalo, el mundo no se acabará porque dediques unos minutos al día a esta actividad sin el agobio de revisar tu dispositivo cada tres minutos.

13. Los tres NO para la vida diaria:

NO ME JUZGO

NO ME CULPO

NO ME VICTIMIZO

Practica como un mantra éstos "tres NO" todas las veces que sean necesarias durante el día. Un ejemplo donde puede ser útil esta herramienta es cuando estamos "machacándonos" con pensamientos horribles como: *nadie me va a querer así, si fracaso, se burlarán de mí; si mi*

pareja me deja, no sabré qué hacer. No te agobies si te estás identificando con alguno de estos ejemplos, los puedes detener accionando tu pensamiento lógico, ¿cómo? Hazte preguntas: *¿Qué me está llevando en este momento a sentirme como víctima? ¿Por qué me estoy juzgando de esta forma? ¿Cómo puedo cambiar la culpa que siento ahora?* Cuando le ayudas a tu mente a cuestionarse positivamente, los "tres NO" se van transformando en resoluciones responsables. Haz una lista de preguntas lógicas que te ayuden para esos momentos dramáticos o grábalas en una *voice note* en tu celular para traerlas a la mano.

14. Reconocer lo que hemos logrado:

Otra herramienta más para incrementar el amor propio es el **autorreconocimiento**. Sucede que vamos por la vida buscando quién valore lo que somos y —algunas veces— no nos detenemos a identificar todo aquello que hemos logrado nosotros mismos. Piensa ahora: ¿Cuáles son mis logros hasta hoy?, ¿Qué experiencias me han hecho aprender y salir adelante?, ¿Cuándo sentí plenitud y confianza en lo que estaba haciendo?, ¿A quién ayudé alguna vez y pudo salir adelante de un problema? Todas esas acciones que han formado parte de tu historia tienen un valor único para ti. Reconoce tu camino.

15. Hacer una pausa cuando estamos profundamente enojados:

El enojo es una emoción altamente útil, cuando nos enojamos nuestro cuerpo se prepara para poner límites claros y determinantes, no aparece únicamente para atacar; solo que a veces no lo expresamos de manera clara y asertiva. Cuando estallamos en furia, puede que las consecuencias no sean favorables, herimos a los demás y nos podemos hacer daño también a nosotros mismos, pero —como todo en esta vida— también es momentáneo, y una vez que la emoción baja, la razón vuelve a hacer su función. Nos arrepentimos, nos sentimos culpables, tristes o agobiados por el resultado.

Hacer una pausa de 5 a 20 minutos cuando esta emoción se apodera de nuestro momento, nos ayuda a evitar tomar malas decisiones, enfrascarnos en situaciones sin sentido, entender con más calma nuestra postura y la del otro, lo que a su vez nos brinda mayor tranquilidad a mediano plazo. Respirar profundamente, tomar agua fría, escuchar música, hablar con alguien más al respecto, dar una vuelta al parque más cercano, ordenar alguna área de tu casa u oficina; son algunas ideas útiles para esa pausa activa en momentos de enojo profundo.

16. Soltar la necesidad de perdonar (no somos dioses magnánimos), solo acepta que a veces se gana, otras no. Fluye con ello y continúa:

Existe mucho material publicado acerca del perdón, nuevamente te compartiré cómo es que yo lo vivo ahora. Hace algunos años, cuando comenzaba a entender un poco más sobre el mundo emocional, el tema del perdón fue parte de mi objeto de estudio, pero a la hora de mirar la vida cotidiana y a veces cruda; donde cada ser humano hace lo que puede con lo que tiene —incluyéndome a mí por supuesto— miré que en ocasiones necesitaba "perdonar" porque no encontraba otra forma de entender o asimilar el dolor tan grande que sentía sobe la experiencia que había impactado mi mente, mi estado físico y mis emociones.

En mis prácticas sobre el perdón detecté algo que me hizo cambiar por completo de visión: entre más deseaba perdonar a alguien, también miraba que una parte de mí sentía que algo estaba haciendo falta. Tras meses de observación, me di cuenta que al necesitar perdonar, estaba confirmando que quería ponerme de *manera amable por encima de la experiencia vivida*. Y no me guastaba esa sensación tampoco. Así fue como logré entender una verdad personal que me deja con mayor paz desde entonces: Todas las personas estamos expuestos al gozo y al sufrimiento, algunas veces venceremos, en otras ocasiones llegará alguien que —por diferentes motivos— obtendrá ventaja sobre nosotros. Es parte de la vida, si yo acepto esto, entonces estoy respetando los ritmos naturales de la vida y en lugar de buscar el perdón, acepto que hubo algún daño, hago lo que está en mis manos para reponerme, pongo límites emocionales y físicos y, continuo. Esta fórmula puede que no les funcione a todos, pero intentarla no te hará mal. Prueba y si se adapta a tu filosofía de vida, has ganado tener un pendiente menos en tu crecimiento personal.

Si tu deseo es entender más
quién eres, medita.

Si tus pensamientos a veces son
desordenados y confusos, medita.

Si tus emociones te están
llevando a tomar decisiones
poco favorables, medita.

Si tu cuerpo se encuentra
agotado, medita.

Si quieres experimentar
mayor gratitud por la vida, medita.

Si deseas cultivar el amor propio,
entonces: medita.

17. Seleccionar nuestras batallas con sabiduría:

Seré breve en este punto: hay discusiones que son positivas, enriquecedoras, nos muestran diferentes puntos de vista y amplían nuestra visión del mundo que nos rodea. Exciten también las discusiones absurdas, sin sentido, huecas de cualquier aportación positiva para los participantes o el entorno. Y ésta misma regla aplica para experiencias, convivencia, tiempo que le dedicamos a situaciones y personas. ¿Cómo seleccionar nuestras batallas?

Aquí algunas preguntas que te puedes hacer:

¿Esto aporta algo novedoso a mi vida?
¿Para qué decido dedicarle tiempo a esta situación?
¿Quiero obtener algo importante de todo esto?
¿Lo necesito?
¿Me hará bien?
Y, selecciona.

18. Hablar con alguien cuando estamos tristes:

Así como el enojo, la tristeza también tiene su utilidad en nuestra vida. En ella encontramos un espacio profundo para reflexionar y reordenar nuestras prioridades y anhelos. Sumergirnos en solitario con esta emoción puede ser constructivo en la medida que vayamos avanzando las diferentes etapas llamadas *duelo* de manera positiva.

Cuando la tristeza se prolonga, manteniendo nuestros pensamientos y emociones en el pasado, la desesperanza, el desconsuelo, el desgano y el desinterés por lo que nos rodea, estamos en riesgo de entrar en un estado depresivo. Lo mejor es acudir a un especialista en salud mental para atender una situación así. Antes de llegar a esta etapa, busca estar cerca de gente en la que confíes, acude a grupos terapéuticos, investiga qué actividades son recomendadas para transitar el tipo de duelo por el que estés atravesando y permite que la tristeza te enseñe más sobre tu poder interior.

19. Cultivar verdaderos lazos con personas significativas:

¿A qué me refiero? Que los 2,000 contactos que tienes en tus redes sociales no son tus amigos cercanos, ni cuentas con todos ellos para los momentos desafiantes que la vida te pueda presentar. Estamos transitando por una era compleja en donde se ha perdido el verdadero significado de cosas importantes como: **amor, amistad, lealtad, confianza, complicidad, empatía y unión.** Todos necesitamos una red de contención íntima, significativa y real que nos brinde la certeza de que no estamos solos.

Pero esto depende de una regla básica que hemos olvidado: las relaciones interpersonales necesitan respetar el flujo natural y equilibrado de dar y recibir, de negociar y aceptar, de poner límites sanos y claros, de fluir con los defectos y virtudes de nuestro seres queridos y entender que no tenemos el derecho de cambiar a las personas para que se adapten a nuestras necesidades.

Un lazo significativo no es aquella persona que está para ti siempre, ni que hace lo que sea para hacerte feliz; es alguien que -a pesar del tiempo y los años- valora tenerte en su vida y confía en que puede decirte cosas positivas y otras no tanto sobre ti sin que te ofendas, lo elimines de tus contactos o le apliques la ley del hielo por toda la eternidad…Y viceversa, por supuesto.

20. Practicar la templanza en momentos inciertos:

El 15 de marzo de 2020, diferentes noticieros anunciaban el desabasto de papel higiénico en diferentes supermercados de todas partes del mundo, resultado de las compras de pánico, después de haber sido dada a conocer la noticia oficial a nivel mundial que marcaría el inicio de la contingencia sanitaria por el virus COVID-19. Sólo basta echar un vistazo a la web para recopilar cientos de historias donde las personas se agredían entre ellas, llegando a amenazas con armas blancas... ¡Por un paquete de papel de baño!

Hoy, leemos esto y nos puede parecer totalmente absurdo, pero lo importante aquí es mi invitación a que observes la fragilidad con la que a veces podemos reaccionar. La templanza es justo lo contrario a la anécdota del papel de baño. Me explico: una persona que ha desarrollado la templanza es aquella que tiene **la capacidad de gestionar asertivamente los impulsos** que lo llevan a actuar de forma sensata y flexible ante situaciones difíciles. ¿Cómo podemos desarrollar esta virtud y para qué nos sirve? Antes de reaccionar detente y respira, antes de contestar una agresión verbal, mira a la persona como alguien más que —al igual que tú— tiene sus propios problemas, antes de dejarte llevar por el impulso de hacer algo, evalúa si eso que harás te beneficia o te puede afectar profundamente.

Observarás poco a poco que en tu vida no necesitas tanto pleito, tanta discusión, tanto confrontamiento y tanta ansiedad, para estar bien.

El budismo nos ha aportado grandes enseñanzas para la vida, te dejo aquí una frase proveniente de ésta filosofía que en este momento se adapta perfecto para el tema de la templanza:

"Tu peor enemigo siempre será tu mente, no sólo porque es quien conoce tus debilidades, sino porque es quien las crea".

21. El amor sin obsesión:

¿Cómo sería tu vida si **redefinieras** las creencias que hasta ahora han regido tus experiencias sobre el amor? El amor es un concepto tan complejo y personal que difícilmente podríamos encontrar una definición única para todos los seres humanos. Lo que también es cierto, es que todo lo que creemos sobre este, se va construyendo desde que somos pequeños, lo que escuchamos sobre amar a otros, lo que vemos en nuestro entorno familiar, la forma en que nos lo demuestran; va formando modelos en nuestra manera de experimentarlo a través de los años.

Pero ¿te has puesto a pensar cómo es la mejor forma de experimentarlo para ti? Te invito a cuestionarte mucho más sobre todo aquello que hasta hoy has creído que es amor.

Algunas creencias personales que yo he adoptado en mi vida sobre el amor son:

- El amor no es sufrimiento.
- La obsesión hacia alguien más no es amor.
- El control sobre alguien más no es amor.
- Hacer algo "en nombre del amor" puede tocar una línea muy delgada llamada manipulación.
- El amor es expansión de las capacidades propias del ser y hacia el mundo.
- El amor es sabernos que pertenecemos a la Tierra y no al revés (que la Tierra nos pertenece).
- Es elegir a alguien por lo que es, por encima de lo que deseo que sea para mí.
- El amor es desear genuinamente la felicidad para alguien más.

Y algo que en definitiva **no es amor** pero que nos han hecho creer que lo es:

El amor no es un acto incondicional, porque necesita ser nutrido con lo mismo, de lo contrario se desgasta, se vacía y se marchita.

Nadie da sin recibir nada a cambio solo por amor, esto va contra las leyes de la naturaleza. Imagina por un momento cualquier bosque. Si éste es talado desmedidamente sin ser reforestado, con el tiempo se convertirá en una pradera seca y, la tierra seca no brinda frutos. Lo mismo pasa con nosotros y nuestras relaciones personales. Hasta aquel padre o madre que se esfuerza por los hijos, lo hace con la esperanza o el deseo de obtener satisfacción, tranquilidad, paz, felicidad, etcétera; al mirar que "valió la pena" dicho esfuerzo a largo plazo.

En resumen: no sufras en nombre del amor. Encuentra otras formas de definirlo y experimentarlo.

22. Comprometernos verdaderamente con nuestros sueños:

¿Existe un "compromiso falso" hacia nuestros sueños? Sí, en ocasiones.

Un día te despiertas y sientes la belleza de experimentar una epifanía: *¡Ya sé lo que quiero! A partir de hoy voy a dedicar mi vida al arte. ¡Amo la pintura y eso es lo que quiero hacer por siempre y para siempre!* Y ¡pum! Te levantas de la cama sintiendo que en cuestión de semanas serás el Dalí del siglo XXI. Compras tu caballete, tus oleos, tus brochas, te metes a estudiar a la institución correspondiente, tomas cursos sobre técnicas en artes plásticas y vas poco a poco avanzando en ese hermoso sueño que te llenó de ilusión. Pero también, te das cuenta que:

a) Se necesitan muchas horas dedicadas a tu pasión para poder perfeccionar tu técnica.
b) Necesitas entrenar tu mente para no desistir cuando las cosas no vayan tan bien.
c) Tendrás que comenzar a sacrificar algunas cosas para alcanzar ese sueño.
d) Siempre habrá quién critique lo que hagas, así como habrá gente que te motive a seguir.

Entonces vienen momentos de dudas, sientes miedo, te cuestionas y piensas en rendirte. Y tal vez lo hagas sin darte cuenta, cuando comiences a postergar, a distraerte con otros asuntos, a pasar horas en tu maratón de series de televisión, en vez de repartir las horas de tu día más equitativamente, sin embargo, andas por el mundo con la idea de que algún día sí lo harás.

Aquí es donde nace el verdadero compromiso para atravesar ese puente de indecisiones y autoengaño. Comprometerte es un acto profundo, de perseverancia, de compasión con tu tiempo de aprendizaje, de agotarte, descansar y continuar, de investigar, aprender más, practicar más, aportar al mundo algo valioso y amar ese propósito por encima de las benditas excusas.

23. Practicar el silencio cada día:

Dedica unos minutos cada día al silencio, si haces esto con frecuencia y constancia irás notando cambios muy sutiles pero benéficos en tus pensamientos, en la forma en que comienzas a tomar decisiones, en quién eliges para que esté presente en tu vida, aprendes a apreciarte de formas que solo podrás descubrir tú. Se lleva tiempo, pero una vez que forma parte de tus hábitos, buscarás hacerlo de manera natural.

24. Limpiar y armonizar nuestros espacios:

Todo lo que conforma nuestra vida está construido por pequeños sistemas que funcionan de acuerdo a quiénes somos: nuestro cuerpo, nuestros pensamientos, la manera en que gestionamos nuestras emociones, nuestra familia, nuestro hogar; cada habitación de éste, nuestras áreas de trabajo, la forma en la que nos alimentamos, las dinámicas con las que nos relacionamos; son sistemas que nos representan. El significado de un espacio limpio o no, está directamente relacionado con tu nivel de armonía interior.

El desorden puede ser sinónimo de creatividad, pero no la suciedad; la limpieza obsesiva es control excesivo, acumular demasiado está relacionado con el miedo a la carencia, los trebejos olvidados en un cuarto oscuro son experiencias que no queremos afrontar.

Limpia, acomoda, tira, depura, pon aromas lindos, mantén la energía de tus sistemas en armonía constante. Esto también es salud.

25. La gratitud:

Si has llegado hasta este punto en tu lectura, no puedo más que agradecerte por brindarme tiempo valioso de tu vida.

Muchas veces, damos por sentado que las cosa que tenemos y lo que hemos logrado son fruto únicamente de nuestras luchas, pero ¿te imaginas cuántas personas estuvieron directa o indirectamente involucradas en cada camino y decisión que has tomado? No lo podemos saber.

La gratitud es entonces, este acto de reconocimiento constante ante la experiencia de ser humanos, con todo lo que eso implica. Agradecer algo cada día es una práctica que se ha sugerido desde los tiempos del *Budha*, puedes incluirla en tus hábitos diarios, puedes hacerlo mientras vas camino al supermercado, cuando recibes una transferencia bancaria, cuando cae por tu espalda el agua tibia de la ducha matutina, por una buena negociación con tus socios y así, por todas las cosas que de manera natural te vayan fluyendo. La clave es no forzarlo, ni caer en el egocentrismo disfrazado de bondad, porque entonces deja de servir.

Recuerda que el crecimiento no tiene fecha de caducidad, ni termina cuando cumples cierta cantidad de años o lograste mayormente lo que te habías propuesto:

El crecimiento es algo permanente.

El amor no es sufrimiento.
La obsesión hacia alguien más no es amor.
El control sobre alguien más no es amor.
El amor es expansión de las capacidades
propias del ser y hacia el mundo.
El amor es sabernos que pertenecemos a
la Tierra y no al revés (que la Tierra nos
pertenece A NOSOTROS).
Es elegir a alguien por lo que es,
por encima de lo que deseo que sea para mí.
El amor es desear genuinamente
la felicidad para alguien más.

CONCLUSIONES

El día que estaba terminando de escribir el primer boceto de este libro, también estaba iniciando un cierre de ciclo muy importante en mi vida. Tenía que dejar en las siguientes semanas mi departamento en alquiler en la Ciudad de México para restablecer mi economía, mi tranquilidad, mis fuerza física y emocional, mi creatividad y mi impulso de seguir adelante, a pesar de todo lo demás.

2020 sin duda, fue un año impactante para muchos, dejándonos grandes enseñanzas a nivel mundial. El confinamiento en nuestros hogares, el aislamiento físico y emocional, la disminución de empleo, la crisis económica global, la polarización social y toda la serie de movimientos que estamos viviendo, nos está obligando a realizar un viaje hacia dentro.

Mirar lo que sucede con la mayor neutralidad posible nos puede ayudar a actuar desde la razón, la quietud y la empatía hacia nuestro proceso personal.

Mi deseo al brindarte todas estas herramientas que hoy he dejado en tus manos es que cuentes con un *equipaje interno* para los momentos desafiantes, para las horas de duda, para encontrar de nuevo ese camino que te lleve de vuelta a ti.

Como ya nos dimos cuenta, **la vida no viene con manual para el usuario,** es nuestra tarea individual hacer ese recorrido que nos llevará a descubrir nuestras propias conclusiones de lo que significa verdaderamente: amarnos, valorarnos y transitar en el día a día al encuentro con nuestra propia felicidad.

Con amor
Angy Meza
octubre 2021

COMENTARIOS

Ante el ruido permanente de esta sociedad en la que vivimos, el reto es encontrarnos, escucharnos y amarnos. Este libro de Angy Meza abre caminos para descubrirnos o reencontrarnos con lo profundo de todo lo que somos. No hay camino sencillo, pero caminar de su mano lo hace mucho más habitable.

Andrés Márquez Mardones
ESCRITOR Y ARTISTA MULTIDISCIPLINARIO

He leído cientos de autores, conocido teorías y estrategias, pero pocas han sido tan claras y contundentes como las que presenta Angy Meza en esta obra. Si estás introduciéndote en el mundo del autoconocimiento y el desarrollo personal esta es una obra que puedes tener como manual de lectura y llevarlo a la práctica con toda seguridad al ciento por ciento. Si ya tienes un camino recorrido en estos temas y te consideras conocedor o incluso especialista, Angy no solo te propone una guía práctica de una manera refrescante sobre ello, además lo simplifica de una forma extraordinaria y con profunda claridad en los conceptos. Personalmente pienso tenerlo en el buró de mi dormitorio y darle un repaso cada noche hasta saberlo de memoria. Gracias Angy por este regalo.

DHC Julio Álvarez
Psicoterapeuta, Consultor y Empresario.

Angy Meza es una musa que se convierte en una fuente de inspiración, vitalidad y optimismo para todos aquellos que aspiren a algo que parece estar más allá de su alcance. A través de este libro ayuda a sus lectores a descubrir algo fundamental sobre sí mismos y el real valor de sus propias vidas y a cambiar su autopercepción.

Massimo Martinotti
ESCRITOR, DIRECTOR DE STARLIGHT PUBLISHING©

Angy Meza es una alumna muy comprometida con su formación y como ser humano es una mujer espectacular quien en este ejemplar nos comparte 5 de sus más importantes aprendizajes que le ayudaron a elevar su autoestima y a quererse bien, se dice fácil pero se requiere de una serie de declaraciones para ir más allá de una disciplina inquebrantable hasta llegar a la meta deseada. La forma sencilla, coloquial y al mismo tiempo profunda, vuelve esos aprendizajes fácilmente ejecutable para mejorar nuestra vida.

Conforme vayas leyendo esta guía, realizando los prácticos ejercicios y logrando los cambios deseados, te sugiero compartir tus avances con Angy y con tu círculo de personas cercanas, para que juntas disfruten más su estancia en este espacio humano llamado vida.

Por experiencia propia sé lo que implica en tiempo, dinero, esfuerzo y autoexigencia de escribir un libro, no importa el tamaño sino la obra que se construye y que resulte útil para los lectores.

Pues bien, no me resta más que felicitarle y desear que aquí encuentres un *cómo* que te ayude a diseñar el camino del auto-amor incondicional. Quererte bien nace de tu interior, porque adentro es la clave.

Josefa Galván
MÁSTER BRAIN PARTNER Y CEO DE GRUPO HPB

INFINITA GRATITUD A TODO MI CLAN:

hasta el final de los tiempos, a mis sobrinos, padres, hermanos, cuñados, maestros, cómplices, amigxs de mi alma y corazón, por las veces que han sido mis guardianes silenciosos, tendiéndome los brazos justo antes de ser devorada por las "bestias salvajes" que implican transitar el camino de esta experiencia llamada *Ser Humano.*

Angy Meza

www.angymeza.com

IG: @angymezacoach

FB: Angy Sin Filtro

Spotify: Podcast Angy Sin Filtro

info@angymeza.com